Anselm und Riki Wunderer
HALLSTATT

Anselm und Riki Wunderer
HALLSTATT

:STYRIA

Die Deutsche Bibliothek - CIP-Einheitsaufnahme
Hallstatt / Riki und Anselm Wunderer. Mit einer Einf. von Wilfried Lipp.
Graz ; Wien ; Köln : Verl. Styria, 2002
ISBN 3-222-12931-2

Fotos auf Seite 68, 70, 71:
© Naturhistorisches Museum, Hallstatt

Umschlagbilder und alle weiteren Bilder: A. u. R. Wunderer

Vorsatz und Nachsatz: Hallstatt um 1650, nach Kupferstich von Matth. Merian

© 2002 Verlag Styria Graz Wien Köln
www.verlagstyria.com
Alle Rechte vorbehalten
Kein Teil des Werkes darf in irgendeiner Form
(durch Fotografie, Mikrofilm oder ein anderes Verfahren)
ohne schriftliche Genehmigung des Verlages
reproduziert oder unter Verwendung elektronischer Systeme
verarbeitet, vervielfältigt oder verbreitet werden.
Übersetzung: Andrea Kraus/Mark Miscovich
Reproduktionen: DSR Digitalstudio Rypka, Graz
Umschlag- & Buchgestaltung: Andrea Malek, Graz
Druck und Bindung: Obersteirische Druckerei & Verlagsgesellschaft m. b. H., Leoben
ISBN 3-222-12931-2

Wilfried Lipp

Hallstatt – Poesie einer Landschaft
Hallstatt – Poetry of a Landscape

Die Faszination des Salzkammergutes ist ungebrochen. Das beweisen nicht nur zahlreiche Publikationen, die sich aus immer neuen Blickwinkeln mit der unerschöpflichen Vielfalt dieser Kulturlandschaft befassen. Film und Fernsehen dient das „Kammergut" immer wiederkehrend als Schauplatz und Kulisse. Die Operette verbringt ihre Sommerfrische in Bad Ischl, das „Weiße Rößl" galoppiert auf Tournee. Vielen Künstlern ist das Salzkammergut Refugium oder bloß Pausenstube in hektischen Festspielsommern; einige sind heimisch geworden an den Seen, andere nennen sich nach ihnen. Die Tagesaktualitäten versüßen Zaunerstollen und Ischlerkrapferl. Die tiefer liegenden Geschichten werden in den Stollen von Erlebnisbergwerken ins touristische Programm genommen. Die Inszenierung Salzkammergut läuft en suite, trotz winterlicher Langeweilen, sommerlicher Schwülen und Frischen oder Schnürlregendepressionen. Die Requisiten kommen aus dem Fundus einer Jahrtausende bewährten Aufführungspraxis oder werden immer wieder zurechtgeschneidert. Kleider machen Leute, und Klischees spielen als liebgewordene Versatzstücke mit.

Dass dies so ist und sein kann – vielleicht sogar sein muss –, dazu bedarf es eines außergewöhnlichen Potentials, eines unerschöpflichen Reichtums, kontinuitätsbestimmt, regenerationsfähig und kreativitätsfördernd. Die Eigenart eines solchen Potentials ist „Verdichtung", ist „poesis". Das Salzkammergut ist eine dicht geschichtete und geschichtlich verdichtete Landschaft. Doch selbst innerhalb dieser gibt es Brennpunkte, Orte höchster Konzentration und Dichte, Orte wie Hallstatt. Der Raum um Hallstatt ist eine „poetische", eine immer wieder neu hervorbringende und austreibende Landschaft.

The fascination of the Salzkammergut remains undiminished, a fact proven not only by numerous publications dealing with the inexhaustible variety of this cultural landscape from continually new points of view. The "Kammergut" repeatedly serves as the scenery and background for TV and cinema productions. The operetta spends its summer holidays in Bad Ischl, while the "Weiße Rößl" (the famous "White Horse" operetta) gallops off on tour. The Salzkammergut is a refuge for many artists or simply a restful stop in the midst of hectic festival summers; some have settled near the lakes, while others have adopted their names. Zaunerstollen and Ischlerkrapferl (Austrian cakes) sweeten daily life. Stories from "deeper layers" can be experienced in the tunnels of the salt mines as part of the tourist programme. The "theatrical production" Salzkammergut is always taking place, despite the wintry boredom, summery sultriness and freshness or the depression caused by streaming rain. The stage props come out of the one thousand year old proven store of performing practice or are altered time and again. Clothes make people, and clichés play the role of endearing memorabilia. That this is and can be – perhaps even must be – the case, requires an extraordinary potential, an inexhaustible abundance, which is capable of regenerating, promotes creativity, and is determined by continuity. The peculiarity of such a potential is "condensation", is "poesis." The Salzkammergut is a densely historical and historically dense landscape. And yet even within this, there are focal points, places of the highest concentration and density, places like Hallstatt. The region around Hallstatt is a time and again producing and sprouting "poetic" landscape.

Weltkultur- und Natur-Erbe der UNESCO
World Cultural and Natural Heritage of UNESCO

1997 besiegelte die Aufnahme in die UNESCO „World Heritage List" den außergewöhnlichen Wert und das Interesse der gesamten Menschheit – so das Selbstverständnis jener Institution – an der Region „Hallstatt – Dachstein/Salzkammergut". Klassifiziert als historische Kulturlandschaft, war es die außerordentliche Bedeutungsvielfalt, welche dieser Auszeichnung die Grundlage bot: Die einzigartigen Naturerscheinungen des östlichsten Gletschers der Alpen mit den weitläufigen Dachsteinhöhlen; Fauna und Flora; der archäologische Fundreichtum, der einer ganzen Menschheitsepoche den Namen gab; die mehr als dreitausendjährige Kontinuität des Salzbergbaues. Nicht einer dieser Fakten allein, sondern eben dieses enge Zusammenwirken aller Faktoren aus Raum und Zeit macht die Region Hallstatt so außergewöhnlich und damit so wertvoll. „Diese Kulturlandschaft verbindet Natur und Kultur in harmonischer und sich gegenseitig ergänzender Art und Weise", heißt es im Begründungstext der UNESCO-Gutachter.

Den besonderen Raum, den *genius loci*, charakterisieren zunächst geographische und geologische Signifikanten: Die mächtige südliche Klammer des Dachsteinmassivs, Seen und Flüsse und die vielen raumbildenden Gebirgs- und Mittelgebirgsstöcke. So entstand der kleinteilige, in seinen Kompartimenten geschlossene und dennoch, durch die kräftige Pulsader der Traun, vernetzt korrespondierende Charakter dieser Landschaft. Bereits die spezifische Topographie – die Abgeschiedenheit und Vielgestaltigkeit auf kleinstem Raum – beeinflusste manch historische und mentale Prägung. So entstand durch eben diese räumliche Konfiguration eine Vielzahl ökologischer Nischen, ein facettenreiches Spektrum pflanzlicher und tierischer Lebensräume zwischen Seegrund und Gletschereis.

Its addition to the UNESCO "World Heritage List" in 1997, sealed the exceptional worth of and the interest of all humanity- this is the self-image of this institution – in the region "Hallstatt-Dachstein/Salzkammergut." Classified as a historic cultural landscape, it was the extraordinary diversity of significance, which provided the basis for this distinction: the unequalled natural phenomena of the easternmost glacier of the Alps with the sprawling Dachstein caves, fauna and flora, the archaeological wealth of discoveries, which gave the name to an entire epoch of human time, and the more than three thousand year continuity of the salt mining works. Not one of these factors alone, but on the contrary just this close working together of all the factors of space and time, makes the Hallstatt region so extraordinary and hence, valuable. The explanatory text of the UNESCO experts states, "this cultural landscape combines nature and culture in a harmonious and mutually complementary way."

The particular region, the genius loci, is characterised above all by significant geographical and geological features: the mighty southern part of the Dachstein massif, lakes and rivers and the many high and low mountain ranges. This is how the corresponding character of this landscape developed, divided into small parts, enclosed within its compartments and yet networked through the powerful artery of the Traun river. Already the specific topography – the seclusion and variety of formations in the smallest area – influenced many a historical and mental character. Through just this regional configuration, developed a multitude of ecological niches, and a richly facetted spectrum of plant and animal habitats between the lake bed and the glacial ice.

Salz - Bindeglied zwischen Natur und Kultur
Salt - The Link between Nature and Culture

Oberflächlich betrachtet erscheint das Salzkammergut als pittoreske Schöpfung der Natur; dennoch ist es eine der ältesten Industrielandschaften der Erde. Erst bei näherer Betrachtung wird deutlich, wie sehr der Naturraum im Laufe von Jahrhunderten hier zur Kulturlandschaft geformt wurde. Die Ursache hierfür liegt im Inneren der Hallstätter Bergwelt: Salz.

Mensch und Tier folgten seit den Zeiten der ersten Besiedlung der Anziehungskraft des lebenswichtigen Minerals, suchten die salzhaltigen Quellen selbst in den entlegensten Hochtälern auf. Bereits in der Bronzezeit begannen die prähistorischen Hallstätter in bemerkenswert vorindustrieller Organisation Salzgestein aus dem Berg zu fördern. Bis ins 13. Jahrhundert v. Chr. reichen, entsprechend dem letzten Stand archäologischer Forschung, die Belege für systematische Bergbautätigkeit zurück. Diese Erkenntnisse machen den Hallstätter Salzberg zur ältesten Salzmine der Welt.

Salz war auch die Grundlage von weitreichenden Handelsbeziehungen, von Reichtum und kultureller Einflussmacht der hallstattzeitlichen Salzherren vom 8. bis ins 4. vorchristliche Jahrhundert. Die Transportrouten des Warenverkehrs - wie etwa Bernstein von der Ostseeküste oder Elfenbein von der afrikanischen Nordküste - deckten bereits damals mehr als den europäischen Zentralraum ab. Die Bergleute der Hallstattzeit, Siedler im unwegsamen und abgelegenen Salzberghochtal, dürfen als „die ersten Europäer" gelten.

On the surface, the Salzkammergut appears as a picturesque creation of nature, and yet it is one of the oldest industrial regions of the earth. Only upon closer inspection does it become clear how much the natural space here had been formed into a cultural landscape during the course of centuries. The reason for it lies in the heart of the Hallstatt mountains: salt.

Since the times of the first settlement, humans and animals followed the attraction of the vital mineral, and sought out the saline sources even in the most remote high valleys. Already in the Bronze Age, the prehistoric inhabitants of Hallstatt, in a remarkable pre-industrial organisation, began to mine rock salt out of the mountain. According to the latest results of archaeological research, first evidence for systematic mining activity dates back to the thirteenth-century BC. These discoveries make the Hallstatt Salzberg ("salt mountain") the oldest salt mine in the world.

Salt was also the reason for the far-reaching trade relations, and for the wealth and the cultural power of influence of the so-called "salt barons" of the Hallstatt period, a power that extended from the eighth up to the fourth century BC. The transport routes for the movement of goods- such as amber from the coast of the Baltic Sea or ivory from the northern coast of Africa - even at that time covered more than the area of Central Europe. The miners of the Hallstatt period, settlers in the difficult and secluded high valley of the Salzberg, should be regarded as "the first Europeans".

Trias der Wirtschaftslandschaft: Salz - Holz - Wasser
Trias of the economic landscape: Salt - Wood - Water

Auch wenn für den Salzbergbau Kontinuität vorauszusetzen ist, erreichte der Wirtschaftsraum „Salzkammergut" erst wieder im Hochmittelalter ähnliche Bedeutung wie zur prähistorischen Kulturblüte. Die ereignisreiche Geschichte um Salz und Herrschaft springt um fast ein ganzes Jahrtausend: Die Heirat von Albrecht, dem Sohn Rudolfs I. von Habsburg, mit Elisabeth von Görz-Tirol markiert das 13. nachchristliche Jahrhundert als prägenden Neubeginn. Dass Elisabeth das Salzkammergut damals als Morgengabe erhalten habe, ist zwar historisch umstritten, ihre Neuregelung der Salzwirtschaft zusammen mit der Erhebung Hallstatts in Marktrechte jedoch für 1311 urkundlich belegt. Die verliehenen Privilegien läuten ein neues, über Jahrhunderte währendes Zeitalter ein - jenes des staatlichen Salinenwesens.

Die kulturlandschaftlichen Konsequenzen dieses ökonomie-politischen Reglements führen zu einer intensiv bewirtschafteten und verwalteten „Nutzlandschaft". Denn Salz braucht Holz. Und Salz und Holz brauchen Wasser. Diese einfachen Zusammenhänge definierten Transportwege und Betriebsstandorte. Den Produktionsbedingungen galt in den Jahrhunderten des Salzes die Hauptsorge eines Wirtschaftsimperiums, an dessen Spitze der habsburgische Landesfürst stand. Kaiser Maximilian I. legte die Grundlage einer geordneten Waldwirtschaft. Zahlreiche Erlässe und Reglementierungen beschützten fortan das „Hall-Holz" vor dem Zugriff von Land- und Almwirtschaft, Hausbau und Handwerk.

Der Betrieb der Sudpfannen verschlang enorme Mengen von Brennmaterial. Großflammig brennendes, schnell wachsendes und hitzespendendes Holz musste es sein. Fichten und Tannen erfüllten diese Voraussetzungen am besten, weswegen der Schwarzwald systematisch alle anderen natürlichen Arten der alpinen Mischwälder verdrängte.

Even if the continuity of the salt mining is taken for granted, it is not until the High Middle Ages that the economic region "Salzkammergut" again achieved a similar importance as in the prehistoric time of cultural prosperity. The very eventful history surrounding salt and rule leaps nearly a thousand years, to the marriage of Albrecht, the son of Rudolf I of Habsburg, to Elisabeth of Gorizia-Tyrol, which marks the thirteenth century as a formative new beginning. Historically speaking, it is truly contested whether or not Elisabeth received the Salzkammergut at that time as a gift the morning after the wedding night, however her reorganisation of salt industry is documented together with the bestowal of market rights upon Hallstatt in 1311. The privileges granted rung in a new era in the course of over a century - that of state ownership over the salt industry.

The consequences of this political-economic regulation on the cultural landscape lead to an intensive cultivation and management of the natural landscape. Because salt needs wood, and salt and wood need water. These simple connections defined the transport routes and locations of the works. During the "salt centuries," the conditions of production were regarded as the principal concern of an economic empire, at whose head stood the Habsburg sovereign. Emperor Maximilian I laid the foundations for a systematic forest industry. Numerous decrees and regulations protected the "Hall-wood" from the intervention of agriculture and alpine farming, house construction and handicraft.

The operation of the salt pans devoured enormous amounts of firewood. For this, there had to be wood, which would produce large flames, grow quickly and give off a high degree of heat. Spruce and fir trees were suited best for these purposes, which is why this so-called "black forest" systematically replaced all of the other natural kinds of alpine mixed forest.

Das labil gewordene Gleichgewicht zwischen Sudbetrieb und den an seinem Standort verfügbaren Holzmengen führte zu einer erstaunlichen Leistung früher Ingenieurskunst. Als älteste Pipeline der Welt wurde in den Jahren um 1600 die Soleleitung zwischen Hallstatt und Ebensee errichtet und im waldreichen Ebensee eine leistungsfähige Saline gebaut. Nahe der Flussmündung in den Traunsee steht sie noch heute und nimmt die in den Salzbergwerken von Hallstatt, Altaussee und Bad Ischl gewonnene Sole auf, um sie in einem Verdampfungsprozess in reines Siedesalz zu verwandeln.

The increasingly unstable balance between the amount of firewood needed for the pan houses and the available amounts of wood at this location led to an astonishing feat of early engineering. As the oldest pipeline of the world, the brine main between Hallstatt and Ebensee was erected around the year 1600 and an efficient salt works was constructed in Ebensee, due to its abundance of forests. Located near the mouth of the Traunsee, it still remains standing today and it picks up the brine won in the salt works of Hallstatt, Altaussee and Bad Ischl, in order to transform it into pure saline salt in an evaporation process.

Hallstatt: Gestalt - Denkmal - Attraktion
Hallstatt: Figure - Monument - Attraction

Die absolute Vorherrschaft büßte das Salinenwesen ein, als Salz im beginnenden 19. Jahrhundert aus den mythischen Höhen des „Weißen Goldes" in den Rang einer Industrieware herabstieg. Gleichzeitig setzte jedoch eine Entwicklung ein, die andere Themen in den Interessensmittelpunkt rückte und das Salzkammergut rund um Hallstatt als ästhetisches Phänomen, als Künstlerlandschaft und Reiseziel eroberte.

Die moderne Entdeckung des Salzkammergutes - zuallererst als „Reiselandschaft" - ist das Ergebnis wachsender Mobilität. Mobilität schärfte das Bewusstsein für Distanz und Nähe, für Heimat und Fremde, für das Schöne und das Erhabene. Erst die Möglichkeit des Reisens und damit des Vergleichens lässt Eigenarten als solche bewusst werden. Die beobachtenden Reisebeschreibungen von J. A. Schultes (1809) und Franz Sartori (1813) sind beredte Zeugnisse dieser neuen „Erfahrungen" und haben auch die ästhetischen Dimensionen erschlossen.

Der reisende Künstler erhebt das Salzkammergut zum Kult. Die Landschaft wird in einer Galerie von Bildern - malerischen, graphischen und literarischen - gerahmt, die bis heute spürbar nachwirken. Die schönsten Aussichtspunkte auf den pittoresken Ortskern von Hallstatt oder die Ehrfurcht einflößenden Ansichten des Dachsteingletschers sind längst von Künstlern entdeckt, um heute als touristische Schnappschüsse reproduziert zu werden. Es war der künstlerische Blick, der auch der gesellschaftlichen Prominenz die Augen öffnete und zur Initialzündung einer vielversprechenden Entwicklung wurde: der Geburt von Sommerfrische und Salzkammergut-Tourismus. Zur ästhetischen Aufwertung kommt die wissenschaftliche Erforschung der Region. Die Leistungen eines F. Simony verorteten den Dachstein innerhalb europäischer Wissenschaftsgeschichte, und der erste „Archäologe" J. G. Ramsauer hob die vergessene und in der Tat „verschüttete" Kulturgeschichte der Hallstattzeit ins Bewusstsein einer Weltöffentlichkeit.

The salt mining industry lost its absolute supremacy in the beginning of the nineteenth-century, as salt descended from the mythical heights of the "White Gold" to the status of an industrial good. However, at the same time, a development started, which shifted other themes into the centre of attention and conquered the Salzkammergut around Hallstatt as aesthetic phenomena, as artistic landscape and travel destination.

The modern discovery of the Salzkammergut - first of all as a "landscape for travelling" - is the result of growing mobility. Mobility sharpened the awareness of distance and nearness, of home and foreign land, of the beautiful and the sublime. The possibility of travelling and thus of making comparisons, allows peculiarities to become conscious as such. The observant travel descriptions of J. A. Schultes (1809) and Franz Satori (1813) are eloquent testimonies to this new "experience" and also open up aesthetic dimensions.

The travelling artist raised the Salzkammergut to the status of a cult. The landscape is framed in a gallery of pictures - painterly, graphically and literarily - which have a noticeably lasting effect even until today. The most beautiful vantage points overlooking the picturesque centre of the Hallstatt or the awe inspiring views of the Dachstein glaciers were long ago discovered by artists, in order to be reproduced today as tourist snapshots. It was the artistic view, which in a short span of time also opened the eyes of the people of social prominence and became the initial spark of a very promising development: the birth of the summer holidays and Salzkammergut tourism. In addition to the aesthetic revaluation comes the scientific exploration of the region. The achievements of F. Simony placed the Dachstein within European scientific history, and the first "archaeologist" J. G. Ramsauer raised the forgotten and indeed "buried" cultural history of the Hallstatt time into the consciousness of the world public.

Inszenierte Identitäten: Kirche, Kunst und Alltagsleben
Staged Identities: Church, Art and Everyday Life

Neben wirtschaftshistorischen und sozialen Bezügen bestimmen Religion und Kirche das Versmaß der poetischen Kulturlandschaft. Der zwischen katholischer Obrigkeit und lutherischer Arbeiterschaft im 16. Jahrhundert entfachte Glaubenskampf begleitete die Geschichte Hallstatts als wechselvolles Spiel aus Herrschaft und Toleranz, um in der friedlichen Koexistenz der beiden Hallstätter Kirchtürme ein versöhnliches Denkmal zu finden.

Auch eines der schönsten Feste Hallstatts, die bis heute prunkvoll zelebrierte Fronleichnamsprozession auf dem See, hat als ursprüngliche barocke Inszenierung der jesuitischen Gegenreformation religionsgeschichtliche Wurzeln. Die auf kleinstem Raum verdichtete Zeit fand ihren schönsten Ausdruck in den Formen der Kunst, in den Schöpfungen eines Lienhart Astl, in den Kirchen und Kapellen, den kleinen und großen Objekten der Volksfrömmigkeit, dem ganzen Ensemble des besonderen Ortes. Der Hallstätter Kulturraum ist also auch eine erlesene „Kunstlandschaft".

Der unversiegbare Quell dieser Region liegt aber in den Tiefen ihrer Mentalitätsgeschichte, die ihren unverwechselbaren Ausdruck in den Eigenarten von Brauchtum, Musik, Liedgut, Erzählung und Tracht gefunden hat.

Heute wirken all diese Potentiale in einer lebendigen, die Tagesmoden der Zeiten indes glücklicherweise ignorierenden Weise fort und prägen Lebensstil und Heimatverbundenheit zur unverwechselbaren Eigenart Hallstatts und der Hallstätter.

Besides the historical economic and social references, religion and church determine the metre of the poetic cultural landscape. The battle of belief, provoked in the sixteenth-century between the Catholic ruling class and the Lutheran working class, accompanied the history of Hallstatt as the ever changing play of rule and tolerance, in order to find a conciliatory monument in the peaceful coexistence of both of Hallstatt's church towers.

Also one of the most beautiful feasts of Hallstatt, the Corpus Christi Procession on the lake, which still is magnificently celebrated to date, traces its religious historical roots to a baroque stage production of the Jesuit Counter-Reformation. This time, condensed in the smallest area, found its best expression in the forms of art, in the works of Lienhart Astl, in the churches and the chapels, in the small and large objects of public piety, and in the complete ensemble of this special place. Hallstatt's cultural area is also then an exquisite "artistic landscape."

The inexhaustible spring of this region lies merely in the depths of the history of its mentality, which has found its unmistakable expression in the peculiarities of custom, music, songs, stories, and traditional costumes.

Today all these potentials continue to be effective in a vivid way, yet fortunately ignoring the daily fashion of the times, and determine the life style and the attachment to the homeland as the unmistakable peculiarity of Hallstatt and its inhabitants.

Eingebettet zwischen den steilen Felshängen liegt der bis zu 125 m tiefe Hallstätter See.
Lake Hallstatt, which is up to 125 metres deep, lies embedded between the steep rock faces.

Bereits vor 4500 Jahren gab es im Bereich des heutigen Ortes eine Besiedelung.
There had already been a settlement on the area of today's village, even as far back as 4500 years ago.

Bis zum Jahr 1891 war Hallstatt nur über den See erreichbar, dann wurde die erste Straßenverbindung gebaut.
Until the year 1891, when the first street was built, Hallstatt could only be accessed via the lake.

Boots- und Brennholzschuppen, äußerlich kaum zu unterscheiden, säumen die Ufer.
Barely distinguishable sheds for boats and fire wood skirt the shores.

In der Stille des ersten Lichtscheins holen Fischer die Netze ein.
In the calm of the first light the fishermen haul up their nets.

Forelle, Barsch aber vor allem die Hallstätter Reinanke ergeben 7200 kg Fang jährlich.
Trout, perch but most of all the Hallstatt common white fish, yield a catch of 7200 kilograms per year.

Ein hoher Turm, spitz wie eine Nadel - der andere als Festung am Hang, wetteifern um die Dominanz im Ortsbild.
A high church spire, sharp as a needle - the other one like a fortress against the mountain face, compete in dominating the skyline of the village.

Das Christophorus-Fresko an der katholischen Kirche macht die einstige Bedeutung des Sees für Ort und Menschen gegenwärtig.
The Christopher's fresco on the side of the Catholic church reminds us of the lake's previous importance for the village and the people.

Vom romanischen Turm schweift der Blick über die engen Häuserschluchten und bleibt da und dort an einem Giebel hängen, um dann erst weit über dem See an den Berghängen eine Grenze zu finden.
From the Romanesque tower the gaze wanders over the narrow rows of houses and here and there gets caught on a gable, only to be blocked far across the lake by the mountain faces.

Liebevoll gepflegte Häuser bilden den Rahmen um den Marktplatz.
Lovingly cared for houses build the frame around the market square.

So mancher Rastsuchende hat hier schon Entspannung und Ablenkung gefunden.
Many a one looking for rest has found relaxation and distraction at this place.

Im Rücken rundum die schützenden Häuser, plätschert im Zentrum unermüdlich der Dorfbrunnen.
Protected by the surrounding houses in the back, the village fountain incessantly keeps splashing in the centre.

Bild links: Trotz Wasserleitung hat der Marktbrunnen seine zentrale Bedeutung nicht verloren.
Picture left side: Despite water pipes the market fountain has not lost any of its central importance.
Bild rechts: Den holzgedeckten Doppelgiebel überragt der Turm der evangelischen Kirche.
Picture right side: The spire of the Protestant church towers above the wood-covered double gable.

Wie im gesamten Salzkammergut gibt es auch hier einen hohen Anteil protestantischen Glaubens.
Like in other parts of the Salzkammergut this place is largely Protestant.

Barocker Anmut begegnet man am Hauptplatz.
Encounter Baroque grace on the main square.

Die Dreifaltigkeitssäule ist ein wenig älter als die nach dem großen Brand (1750) wieder errichteten Häuser.
The trinity column is just a little older than the houses which were rebuilt after the great fire of 1750.

Fibeln mit ihrem unübertroffenen Design werden heute noch in Hallstatt hergestellt.
Fibulas of unsurpassed design are still handcrafted in Hallstatt.

Die Reinanke mit ihrem besonders zarten, aromatischen Fleisch ist eine Spezialität der Hallstätter Gastronomie.
The common white fish, with its especially tender and aromatic meat, is one of the specialities of Hallstatt cuisine.

Dicht gedrängt schmiegen sich die Häuser an den Hang. So manches Dachgeschoss ist bergseitig eben zu erreichen.
The densely packed houses nestle into the slope. Many an attic can be reached at ground-level from the side of the mountain.

Die schmale Strasse schlängelt sich von Tür zu Tür immer zwischen Hang und Ufer.
The narrow street winds from door to door between mountain and shore.

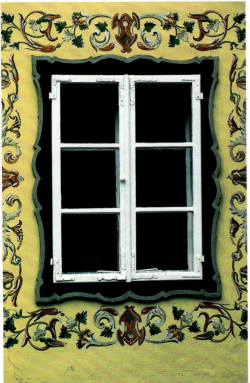

Liebe zum Detail: gemalter oder echter Blumenschmuck für jedes Fenster.
Love down to the last detail: painted or real flower arrangements for every window.

Sie sind wie fröhliche Augen, die Fenster in Hallstatt.
The windows in Hallstatt are like cheerful eyes.

Leuchtende Fassadenfarben konkurrieren mit der bunten Pracht des Sommers.
The bright colours of the façades compete with the colourful splendour of summer.

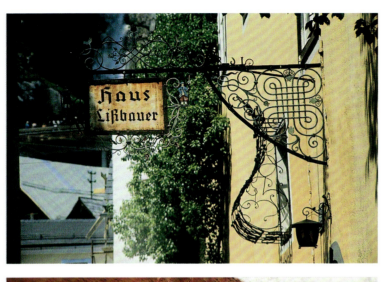

Harmonisch fügen sich die alten Schilder ins Ortsbild.
In perfect harmony the old signs blend in with the image of the village.

Morgens gehört die Promenade den Hallstättern und den Frühaufstehern.
In the morning, the promenade belongs to the people of Hallstatt and to the early risers.

Gelegentlich hört man vom Ufer her ungewöhnliche Töne.
From time to time one can hear unusual tones coming from the shore.

In der zur Werkstatt umfunktionierten Bürgerstube entstehen Schränke, Figuren, Instrumente, Filigranes und Monumentales.
In the front room, which had been converted into a workshop, cupboards, figures, and instruments are made – both filigree and monumental works.

Unter einem Geschäft für Trachtenmode und Bergsport findet man einen „Archäologischen Keller". Bei den Ausgrabungen stieß man auf eine Schmiede aus der Römerzeit, entdeckte aber auch Funde aus der Urzeit.
Underneath a shop for traditional costumes and mountaineering equipment one finds an "Archaeological Cellar." During the excavations they found a blacksmith's shop dating back to the Romans, and even made finds from primeval times.

Auch kunstvoll geschmiedete Arbeiten aus Eisen gestalten das Bild des Marktes.
Artfully forged works of iron form the image of the market, among other things.

Eines der ältesten Häuser beherbergte lange Zeit das Heimatmuseum.
For a long time, one of the oldest houses accommodated the local heritage museum.

Zahlreiche Funde belegen die Freude an Fibeln, Nadeln, Armreifen und allem, was sonst noch schmückt.
Numerous finds bear witness to the adoration of fibulas, needles, bracelets and everything else which is there to decorate.

Auch reich verzierte Waffen, Gefäße und andere Bronzegegenstände fand man als Grabbeigabe.
Richly decorated weapons, vessels and other burial objects made of bronze also were found in the graves.

Spiralen sind ein beonders beliebtes Motiv.
Spirals are an especially popular motif.

Die Dokumentation des Bergbaues weist in die prähistorische Vergangenheit.
The first documents on mining date back to the pre-historic past.

Mühsam war der Weg der Salzträgerinnen vom Berg bis in den Ort.
The path leading down from the mountain to the village was strenuous for the women carrying the salt.

Das Höllhaus vor dem Brand um 1970.
The so-called "Höllhaus" (Hell House), circa 1970, before the great fire.

Die engen Verbindungswege sind höchstens mit dem Rad befahrbar.
The narrow connecting paths are only passable by foot or by bike.

Weiter hinauf, zu den letzten Häusern am Hang, geht es nur mehr über steile Treppen.
Further up, one can only get to the last houses on the slope by climbing up the steep stairs.

Frühjahrsputz: Malerisch hängen die Teppiche über die hohe Balkonfassade.
Spring cleaning: the carpets hang down like paintings from the high balconies.

Mehr als 1000 Stufen will man in Hallstatt gezählt haben.
More than 1000 steps are said to be counted in Hallstatt.

Je kleiner die Gärten, umso reichhaltiger werden sie angelegt.
The smaller the gardens, the more extensive they are laid out.

Immer wieder schiebt sich eine Kirchturmspitze in das Bild.
Time and again the top of a church spire works its way into the picture.

In ruhigen Winkeln entstehen international gefragte, hervorragende Instrumente.
In quiet corners outstanding instruments are produced, which are sought after all over the world.

Auch die Schnitzerei hat Tradition. Bereits in dritter Generation formen geschickte Hände anmutige Krippenfiguren.
Wood carving also has its own tradition. Third generation skilful hands carve graceful nativity figures.

Knapp hinter dem Parkdeck der 1966 errichteten Tunnelstraße stürzt der Mühlbach in den Ort.
The "Mühlbach" (mill stream) rushes down to the village right behind the parking platform of the street through the tunnel, which was built in 1966.

Einst betrieb er die Mühlen, heute ist der Wildbach mit seinem Wasserfall nur noch Attraktion.
While it once operated the mills, today the torrent with its waterfall is just an attraction.

Die Salzgewinnung stand seit jeher im Mittelpunkt des Interesses und bildete die Lebensgrundlage der gesamten Bevölkerung.
Salt mining has always been in the centre of attention and has formed the foundation of life for all the inhabitants.

Unentwegt fräsen sich modernste Maschinen durch das Gestein und machen Platz für neue Soleleitungen die tief in den Berg hinein reichen.
The most modern machines incessantly mill through the rock and make room for new brine pipes, which reach deep into the mountain.

In weniger als drei Minuten erreicht man mit der Standseilbahn die Bergstation am Salzberg.
In less than three minutes the funicular takes you up to the top terminal of the Salzberg (salt mountain).

Ein modernes Denkmal symbolisiert die Epochen des Bergbaus.
A modern monument symbolises the epochs of mining.

Mehr als 1300 mittlerweile freigelegte Gräber geben Zeugnis von der frühen Besiedlung des Salzberges und lieferten zugleich die Grundlage für den weltweit bekannten Begriff „Hallstattkultur" (800 bis 450 v. Chr.).
The more than 1300 graves excavated so far, bear witness to the early settlement of the Salzberg and at the same time laid the foundation for the world-wide renowned term "Hallstatt Culture", from 800 to 450 BC.

Manchmal, wenn der Ortskern noch tief im Schatten liegt, kann man sich am Salzberg vom ersten Rot forttragen lassen.
Sometimes, when the centre of the village still lies in deep shadows, one can let themselves get swept away by the first shades of red on the Salzberg.

Längst hat der Boden nicht alle Geheimnisse der Vergangenheit preisgegeben.
The ground has not yet revealed all the secrets of the past.

Unter Leitung des Wiener Naturhistorischen Museums werden ständig neue Grabungen durchgeführt.
On behalf of the Natural History Museum of Vienna, new excavations continue to be carried out.

Gekreuzte Hämmer schmücken die vielen alten Stolleneingänge.
Crossed hammers decorate the numerous old entrances to the tunnels.

Immer wieder eine Attraktion: die Rutsche im Schaubergwerk.
Always an attraction for the visitors: the slide in the mine.

Das Salz wird mit eingeleitetem Wasser ausgewaschen. Dadurch entsteht ein mit Wasser gefüllter Hohlraum, der sich im Schaubergwerk als romantischer See präsentiert.
Water is pumped in to rinse out the salt. As a result, a hollow space fills up with water, presenting itself as a romantic lake to the visitors of the mine.

Aus prähistorischer Zeit gibt es immer wieder herzförmige Gebilde in den Felswänden. Ihre Bedeutung bleibt wohl ein Geheimnis dunkler Vergangenheit.
Over and over again heart-shaped formations show up on the rock faces dating back to prehistoric times.
Their meaning will continue to be a mystery of the dark past.

Hier beginnt der Mühlbach seinen Lauf und begleitet Weg und Steg ins Tal.
From here the "Mühlbach" starts to flow and accompanies paths and stairs down to the valley.

Und wieder wird die Mühe des Weges mit einem der unzähligen Ausblicke über den See belohnt.
And once again the hikers are rewarded for their hardship with one of the countless views overlooking the lake.

Damals wie heute führen alle Wege vom Salzberg nach Hallstatt.
Then as well as now, all paths lead from the Salzberg to Hallstatt.

Mit der Uhr am Kirchturm findet man die im Berg vergessene Zeit wieder.
With the help of the clock on top of the church tower, one finds the time which was forgotten inside the mountain.

Die Vielfalt der Grabkreuze hebt den Einzelnen über den Tod hinaus über die gleichförmige Masse.
The variety of burial crosses elevates the single person beyond death out of the homogenous mass.

Auf engstem Raum und in mehreren Etagen liegt Friede über dem See.
On several levels and cramped into the smallest space, the mortal remains rest peacefully above the lake.

Kunstwerke aus Metall und Holz machen den Toten Ehre.
Masterpieces made of metal and wood pay respect to the dead.

Die Liebe zu leuchtenden Blüten sieht man auch hier zu jeder Jahreszeit.
The admiration of bright blossoms also can be experienced here during any season.

Fast gleichzeitig mit der Erweiterung der Kirche entstand 1313 die Michaelskapelle mit dem darunter liegendem Totenhaus.
At almost the same time as the extension of the church, the Michael's chapel, with the skulls house underneath, was built in 1313.

Aus vielen Jahrhunderten stammen weit über 1000 bemalte und beschriftete Schädel.
Far more than 1000 painted and inscribed skulls can be found here, dating back many centuries.

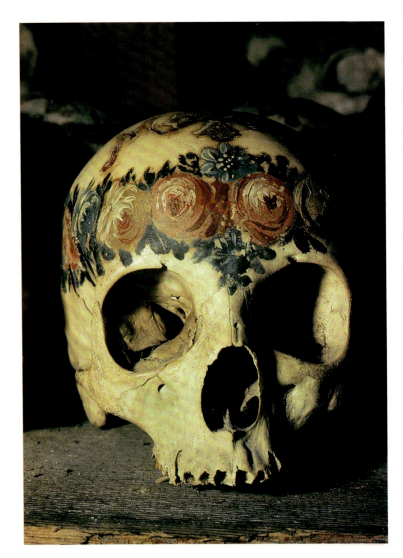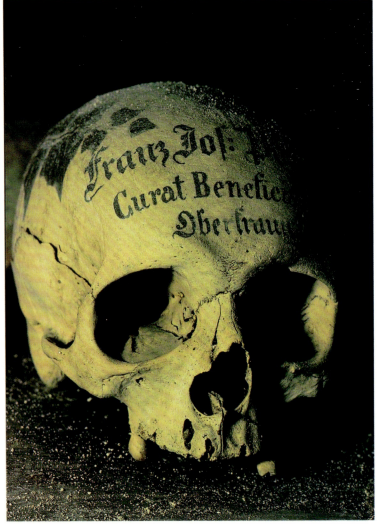

Auf Wunsch des Verstorbenen wird dieser Brauch auch heute noch fortgeführt.
If it is the deceased's last wish, this custom is still continued today.

Neben Schmuck und Hinweisen auf die Todesursache (Schlangenbiss) tragen die Schädel auch Namen, Geburts- und Sterbedatum.
Besides jewellery and reference to the cause of death (snake bite), the skulls also have the names and the dates of birth and death on them.

Durch eine kleine Maueröffnung kann man vom Hang direkt in den Dachboden der Kirche sehen. Kunsthandwerk findet man, ehe es über die „Bedeckte Stiege" zur Kirche geht.
At the beginning of the 16th century an unknown master painted the frescoes of the way of the Cross.
Once in a while, contemporary art is created in the parsonage.

Über Treppen gelangt man zur katholischen Kirche. Der mächtige Turm geht noch auf die romanische Kirche um 1300 zurück.
Walking up the stairs, one arrives at the Catholic Church. The mighty tower dates back to the Romanesque church, around 1300.

Ein unbekannter Meister schuf zu Beginn des 16. Jahrhunderts die Fresken vom Leidensweg Christi.
Im Pfarrhaus entsteht hin und wieder Kunst der Gegenwart.
Through a small opening in the wall, one can look directly into the church's attic from the slope.
Here one finds arts and crafts before the „covered stairs" lead you up to the church.

Am Fuße des Turmes führt das 1519 aus rotem Marmor entstandene Portal ins Kircheninnere.

At the foot of the tower, the portal, which was built in 1519 and made of red marble, leads into the interior of the church.

Um das Jahr 1510 wurde der für Bergwerksorte typische, zweischiffige Kirchenraum vollendet.
Around the year 1510 the church with its two naves, typical for mining villages, was finished.

Das südliche Hauptschiff beherrscht der von Meister Astl geschaffene, spätgotische Marienaltar.
The late Gothic „Mary's altar," built by master Astl, dominates the southern main nave.

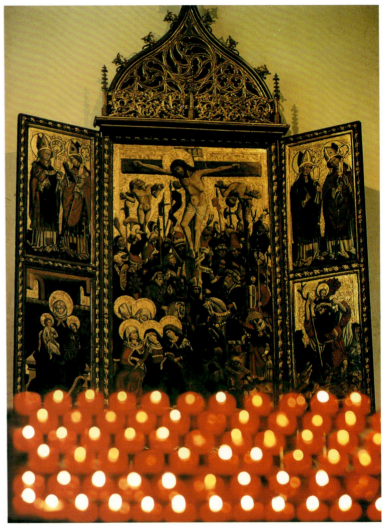

In der nördlichen Seitenkapelle finden wir ein Kleinod eines unbekannten Meisters aus der Zeit um 1450.
Über Jahrhunderte stand der Altar unbeachtet in einem Abstellraum am Salzberg, ehe er seinen Platz in der Pfarrkirche fand.
In the northern side chapel we find a jewel of an unknown master from the time around 1450.
Over the centuries it stood unnoticed in a storeroom at the Salzberg, before it was given a place in the parish church.

1658 lies der „Salzbaron" Eyssl von Eysselsberg die „Grubenkapelle" unter dem Chorraum neu gestalten. In seinem eigenwilligen Testament wählte er hier seine letzte Ruhestätte.

In 1658 the „salt baron" Eyssl von Eysselsberg had the „Grubenkapelle" (mining chapel) underneath the choir room rebuilt. In his unusual testament he wanted this place to be his final resting place.

Fronleichnam ist der große Tag von Hallstatt. Dann zieht, sofern das Wetter mitspielt, eine Prozession aus der Kirche.
Corpus Christi is the big day in Hallstatt. Assuming that the weather plays along, a procession marches out of the church.

Fast alle Bewohner sind unterwegs oder beobachten das Geschehen aus den Fenstern.
Almost all of the inhabitants are on their feet or watch the event from their windows.

Der Marktplatz legt sein Festkleid an und die Dreifaltigkeitssäule wird zum Altar.
The market square dons its festive costume and the trinity column serves as an altar.

Die „Goldhauben-Frauen", einst ein Privileg des Bürgertums, sind fester Bestandteil der Prozession.
The so-called „Goldhauben" women, the golden bonnets were once a privilege of the bourgeoisie, are a „must" for every procession.

Streng nach alter Tradition erfolgt der Ablauf. Akustische Begleitung kommt von der Salinenmusik und Frauen singen alte, speziell für diesen Anlass geschriebene Lieder.
The order of the procession follows strict, traditional rules. Acoustic accompaniment is provided by the „Saline Music" and women sing old songs which were written especially for this occasion.

Die kammermusikalische Untermalung kommt von jährlich wiederkehrenden auswärtigen Musikern.
Every year musicians from abroad accompany the event with chamber music performances.

Spätestens, wenn Priester, Ministranten und die Honoratioren das Schiff betreten, beginnt der Unterschied zu den bekannten Fronleichnamsprozessionen.
At the latest, when priests, servers, and the local dignitaries get on board the ship, the difference between this and other known forms of Corpus Christi Processions becomes obvious.

Ein einmaliges, weltbekanntes Ereignis beginnt.
A unique event is about to begin, known all over the world.

Der See, der bis zum Ende des 19. Jahrhunderts die einzige Verbindung zur Außenwelt darstellte, war Drehscheibe für Handel, Wirtschaft – ganz einfach der vergrößerte Lebensraum des Ortes.
The lake, which up to the end of the 19th century was the only connection to the outside world, served as a hub for trade and industry – it simply was the extended living space for the village.

1623, zur Zeit der Gegenreformation, wurde die Seeprozession von den Jesuiten eingeführt. Ein Ausdruck von barocker Pracht.
The procession on the lake was introduced by the Jesuits in 1623, at the time of the Counter-Reformation. An expression of Baroque splendour.

Die Salinenmusik begleitet in einem von Feuerwehrbooten bewegten Ponton.
The "Saline Music" plays tunes in a pontoon which is moved by fire boats.

Das Sakramentschiff, eine große „Plätte", wurde vor mehr als 30 Jahren speziell für diesen Zweck gefertigt.
The sacramental ship, a huge wooden boat called "Plätte", was built over 30 years ago just for this occasion

Jede heilige Handlung leiten die Pranger Schützen mit einem Salutschuss ein.
The "Pranger Schützen" (marksmen) start every sacred action by firing a salute.

Zur zweiten „Station" muss soweit hinausgefahren werden, dass eine Sichtverbindung zu den Häusern am Salzberg besteht.
To reach the second "station" of the Cross, they have to move the boats far out into the lake, so that the houses on the Salzberg can be seen.

Rechnet man die Jahre seit der Einführung im 17. Jahrhundert abzüglich der Zeitspanne vor dem Weltkrieg zusammen und zieht dann etwa ein Viertel durch Schlechtwetter verhinderter Prozessionen ab, so ist der See rund 280 mal Zeuge dieses kirchlichen Ereignisses geworden.
If one counted the years since the first procession in the 17th century, then subtracted the time span before the Second World War and about one-fourth of the processions that were cancelled due to bad weather, the lake would have witnessed this sacred event about 280 times.

Von der klassischen Hallstätter Plätte bis zum modernen E-Boot, alles ist an diesem Tag unterwegs.
From the classical Hallstatt "Plätte" to the modern electrical boat, all are on the water on this day.

Mühevoll sind die Vorarbeiten – wie Blumenschmuck oder Reisiggirlanden.
The preparations are a lot of work – like the floral arrangements or the brushwood garlands.

Mitarbeiter der Saline, die sich aktiv beteiligen, erhalten nach altem Recht eine „Freischicht".
According to old law, employees of the mining works, who are actively involved in the procession, receive a "free shift."

Nicht nur an Festtagen – in Hallstatt hat die Tracht immer Saison.
Not only on holidays – in Hallstatt the traditional costume is always en vogue.

 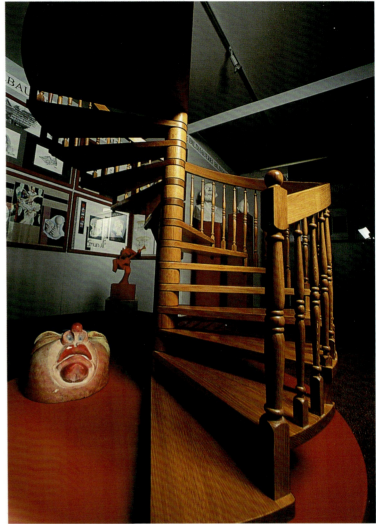

Weithin sichtbar ist das Hauptgebäude der bereits 1837 gegründeten Holzfachschule.
The main building of the "Holzfachschule" (technical college for wood works), founded as early as in 1837, can be seen from afar.

Mehr als 600 Schüler mehrerer Nationalitäten werden hier in den Fachrichtungen Tischlern, Drechseln, Möbel- und Instrumentenbau, sowie Holz- und Steinbildhauerei ausgebildet.
More than 600 students of different nationalities receive training in carpentry, turning, and building of furniture and instruments, as well as in wood and stone sculpturing.

Holz hat in Hallstatt große Bedeutung, traditionell auch im Bootsbau.
Wood is of great importance in Hallstatt, and also traditionally in boat construction.

Viel Handarbeit erfordert auch die kunstvolle Keramik.
The artistic pottery work needs a lot of handicraft skills.

Die Tauchschule sorgt für seegerechte Aktivitäten.
The diving school provides activities on the lake.

Für gewagte Spezialisten führt der Eingang der Riesenkarstquelle in ein ausgedehntes Höhlensystem.
The entrance to the giant karst source leads daring specialists into a spread out cave system.

Zünftige Freizeitgestaltung: das Armbrustschießen.
A future spare time activity: shooting a crossbow.

Hochzeit, Einstand, Geburtstag, Feiertage, alles ist Anlass für eine individuelle Schützenscheibe.
Weddings, debuts, birthdays, holidays, everything gives occasion for an individual marksman shield.

Das Echerntal, zwischen Salzberg und Hirlatz, beherrscht der „Waldbach Strub".
The Echern valley, between Salzberg and Hirlatz, is dominated by the "Waldbach Strub."

Gletschergarten und der 100 m hohe Wasserfall sind die Besonderheiten des Tales.
The specialities of the valley are the glacier garden and the 100-metre high waterfall.

Noch den feuchten Sprühnebel im Nacken führt der Weg durch den Wald in die freie Ebene der Lahn.
With humid mist still on the neck, the paths lead the hiker through the woods onto the wide plain of the Lahn.

Laut tosend stürzt das Wasser zwischen Licht und Schatten zu Tal.
The water rages thunderously down towards the valley between light and shadow.

Weit über dem Talboden liegt der Einstieg zur Hirlatzhöhle.
Allein mit der bisher erforschten Länge von 86 km ist sie die längste Höhle Österreichs.
High above the bottom of the valley there is the entrance to the Hirlatz cave.
With just its current examined length of 86 kilometres it is the longest cave in Austria.

Nur mit Spezialausrüstung und Erfahrung kann man das Innere des Berges erforschen.
Only with special equipment and training is one allowed to explore the interior of the mountain.

Der See spiegelt Stimmungen des Wetters wider und überrascht mit immer neuen Eindrücken.
The lake mirrors the moods of the weather and surprises with its ever new impressions.

Mit Einbruch der Dunkelheit wechselt auch Hallstatt sein Antlitz.
At nightfall Hallstatt also puts on a different face.

Nur der alte Brunnen am Hauptplatz plätschert in der Stille.
Only the old fountain on the main square splashes in the still.

Wenn Ende Dezember die Berge ringsum die weißen Hänge der Sonne präsentieren erreicht diese Hallstatt gerade für zwanzig Minuten.
At the end of December, when the mountains around the village present their white slopes to the sun, its rays reach Hallstatt for only twenty minutes.

Wenn die Sonne dann nach 11 Uhr die hochgelegenen Mühlenhäuser erfasst ...
At 11 o'clock, when the sun reaches the high-up mill houses ...

... wird die vertraute, nun schneebedeckte Kulisse für wenige Minuten verzaubert.
... *the familiar backdrop, now covered with snow, is enchanted for a couple of minutes.*

An schönen Tagen liegt dann Glanz auf den Dächern.
On beautiful days one can see the shine on the roofs.

Die Sonne lockt dunkle Winkel für kurze Zeit aus ihrem Winterschlaf.
For a short period of time the sun lures dark spots out of their hibernation.

Wenig später liegt der Ort wieder im Schatten und nur der See verrät den kurzen Glanz des Winters.
Just minutes later the village once again lies in shadow and only the lake reveals the short shine of winter.

Fast ein privates Fest im Freien ist der Weihnachtsmarkt.
The Christmas Market is almost a private outdoor feast.

Neben vielerlei Kunsthandwerk wärmt man sich beim Feuer des Punschkessels.
Next to a multitude of arts and crafts, people warm themselves at the fire for the punch kettle.

Beschauliches Treiben vor dem Fenster erwärmt jede Stube.
Contemplative activity in front of the window warms up every room.

Leidenschaft Hallstatt

Viele Dinge brauchen Zeit zur Reife. Auch wir haben diesen Bildband nicht einfach produziert, vielmehr entstand er aus Leidenschaft und hat eine Geschichte mit Hintergrund.

Soweit ich mich an meine Kindheit zurückerinnere, erzählte meine Mutter von Hallstatt, als wäre der Ort etwas Unfassbares, Magisches. Ich war dann allerdings schon 18, als ich den kleinen Marktflecken zum ersten Mal betrat. Ich verliebte mich sofort und hatte nach mehreren Besuchen sogar die Absicht, nach Hallstatt zu ziehen. Als ich dann für einen namhaften Markenhersteller eine Fotoschule aufbaute, stand schon bald eine Exkursion nach Hallstatt auf dem Programm. Seither haben wir, neben vielen privaten Aufenthalten, diese Fotoausflüge sicher schon zwanzigmal wiederholt und dabei auch viele versteckte Winkel kennengelernt.

Es war zu Fronleichnam 1999, wieder war eine fotografische „Hallstattwoche" im Gange, als wir im Gespräch erfuhren, dass es schon seit längerer Zeit keinen Bildband von Hallstatt gibt. Meine Frau, Riki Wunderer, spezialisiert auf Industrie- und Menschenfotografie, kam nun zum Einsatz, denn zu einem Bildband gehört mehr als nur Aufnahmen vom Ort, von stillen Plätzen und der Landschaft. Hallstatt birgt Künstler, gediegene Handwerker, ein Geschäft mit einem ungewöhnlichen Keller, Taucher, Fischer, Armbrustschützen … ganz zu schweigen vom aktiven und historischen Salzbergwerk, dem Gräberfeld oder der Hirlatzhöhle. So waren viele „arbeitsame" Hallstattbesuche angesagt, Kamera, Objektive, Stative und eine recht umfangreiche Blitzanlage wanderten zwischen Töpferei, Bootsschuppen und dem engen Höhleneingang hin und her. Manche Aufgaben teilten wir. Während meine Frau sich im Bergwerk abmühte, war ich mit 800 mm Teleobjektiv dabei, die Holzfachschule vom Ostufer aus einzufangen. Bei vielen anderen Einsätzen war ich Träger und Assistent, während meine Frau ihre Hallstatt-Leidenschaft in Bilder umsetzte.

Dank an dieser Stelle all den vielen Hallstättern, die uns dabei unterstützt haben und uns das Gefühl gaben, schon ein wenig zu Hause zu sein.

Glück hatten wir bei den Aufnahmen vom einmalig harmonischen Weihnachtsmarkt, es lag nur wenig Schnee. Ähnlich gut ging es mit den ergänzenden Winteraufnahmen. Während die Westautobahn und das Salzkammergut bis weit nach Bad Ischl im dichten Nebel lagen, überflutete die Sonne Anfang Januar, wenn auch nur für 80 Minuten, den tiefverschneiten Ort.

Wir haben Hallstatt über einen sehr langen Zeitraum mit allen nur denkbaren Objektiven, aus den unterschiedlichsten Perspektiven und zu verschiedensten Zeiten fotografiert. Einige tausend Aufnahmen standen für diesen Bildband zu Auswahl und wir hoffen, die besten ausgewählt zu haben. Dennoch, kein noch so liebevoll gemachtes Bild kann es mit dem persönlich erlebten Zauber dieses Marktfleckens und seiner Umgebung aufnehmen.

Anselm & Riki Wunderer